Nuestro medio ambiente en constante cambio

Shelly Buchanan, M.S.Ed.

Asesora

Caryn Williams, M.S.Ed.
Madison County Schools
Huntsville, AL

Créditos de imágenes: pág. 15 Bill Brooks/Alamy; pág. 29 (arriba) Charles Stirling/Alamy; pág. 27 (arriba) Florian Kopp/imagebroker/Alamy; pág. 28 (arriba) JGI/Jamie Grill/Blend Images/Alamy; pág. 11 (abajo) Manus Hüller/dieKleinert/Alamy; pág. 22 Terry Donnelly/Alamy; pág. 29 (abajo) Tim Pannell/Tetra Images/Alamy; pág. 26 (arriba) Hill Street StudiosE//Blend Images/age fotostock; pág. 21 Mint Frans Lanting/age fotostock; pág. 25 (arriba) Danita Delimont/Gallo Images/Getty Images; pág. 25 (arriba) Dietmar Heinz/Picture Press/Getty Images; pág. 8 Keystone-France/Getty Images; pág. 5 (arriba izquierda), 20 (abajo), 24, 27 (abajo) iStock; pág. 16 National Park Service; pág. 9 (arriba) Beawiharta/Reuters/Newscom; págs. 18–19 (abajo) David Wall/DanitaDelimont/Newscom; págs. 8–9 Geoff Renner/Robert Harding/Newscom; págs. 26–27 John Boykin/Stock Connection Worldwide/Newscom; págs. 10–11 Westend61/Newscom; pág. 20 (arriba) Theo Allofs/Minden Pictures/National Geographic Creative; pág. 17 (arriba) UNESCO; págs. 6, 11 (arriba), 12–13 Wikimedia Commons; todas las demás imágenes pertenecen a Shutterstock.

Teacher Created Materials
5301 Oceanus Drive
Huntington Beach, CA 92649-1030
http://www.tcmpub.com
ISBN 978-1-4938-0598-3
© 2016 Teacher Created Materials, Inc.

Índice

La Tierra cambiante 4

Movimiento y sacudida 6

El mundo del agua 14

El poder del viento 22

Nuestra Tierra viviente 24

¡Haz un modelo! 28

Glosario 30

Índice analítico 31

¡Tu turno! 32

La Tierra cambiante

Observa el mundo a tu alrededor. ¿Qué ves? Quizá veas árboles, aves y cielos azules. Quizá veas carreteras, automóviles y edificios. Algunas de estas cosas son naturales, mientras que otras fueron creadas por los seres humanos. La Tierra no siempre tuvo el aspecto que tiene hoy en día. La Tierra ha estado en formación por muchísimo tiempo. Nuestro planeta ha cambiado durante miles de millones de años. Sí, *miles de millones* de años: ¡4.5 mil millones de años para ser exactos!

Nuestro planeta comenzó como una masa abultada de rocas. Durante millones de años, fue simplemente eso. Con el tiempo, la Tierra se ha transformado o ha cambiado. Hoy en día, el planeta tiene enormes montañas y profundos cañones. Hay extensos ríos serpenteantes y vastos océanos. Las fuerzas naturales continúan cambiando a la Tierra. Poderosos terremotos mueven la tierra, mientras que violentos **volcanes** entran en **erupción** para crear nuevo terreno. Los torrentes de agua y las ráfagas de viento moldean el terreno. Todas estas fuerzas se combinan con animales, plantas y personas para transformar la superficie de la Tierra.

Movimiento y sacudida

La capa externa de la Tierra se llama *corteza*. Es como la cáscara que recubre una naranja. Pero, a diferencia de la cáscara de una naranja, la corteza terrestre no es una sola pieza. En cambio, está compuesta de gigantes piezas llamadas *placas*. Estas placas pueden ser terreno seco o el fondo de un océano. Las placas se mueven tan lentamente que no podemos notarlo con solo observarlas. Pero, durante largos períodos, de hecho, ¡pueden mover montañas!

Las flechas muestran cómo se mueven las placas.

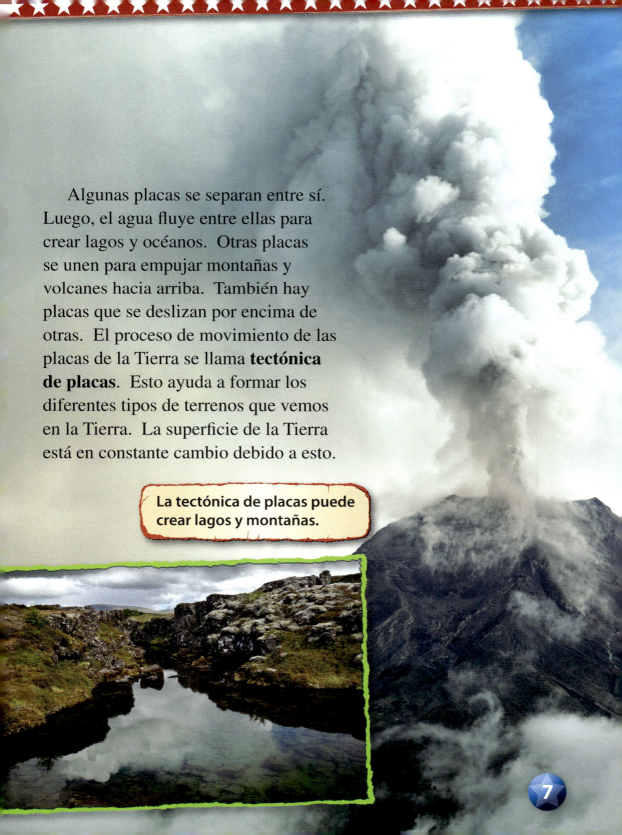

Algunas placas se separan entre sí. Luego, el agua fluye entre ellas para crear lagos y océanos. Otras placas se unen para empujar montañas y volcanes hacia arriba. También hay placas que se deslizan por encima de otras. El proceso de movimiento de las placas de la Tierra se llama **tectónica de placas**. Esto ayuda a formar los diferentes tipos de terrenos que vemos en la Tierra. La superficie de la Tierra está en constante cambio debido a esto.

La tectónica de placas puede crear lagos y montañas.

Terremotos energéticos

¿Alguna vez has sentido un terremoto? La tierra se sacude todo el tiempo. Muchas veces, las personas no lo sienten. Esto se debe a que, la mayor parte del tiempo, las placas tectónicas se empujan y chocan suavemente. Sin embargo, a veces las piezas de la corteza se enganchan entre sí. La presión comienza a acumularse a medida que estas piezas intentan deslizarse sobre las demás. De repente, las placas se mueven y se deslizan rápidamente por encima de las otras. Entonces, se produce una explosión de movimiento a medida que se libera la presión. Estos son los grandes terremotos que sentimos.

La tierra puede cambiar cuando se produce un terremoto. A veces, se crean grandes **valles**. Cuando las rocas caen o la tierra se desprende, los arroyos pueden cambiar de curso. ¡Los ríos pueden fluir en otra dirección! Los terremotos pueden dañar cosas que hayamos construido. Los puentes se rompen, los edificios se caen y las autopistas se desmoronan. Los resultados pueden ser muy peligrosos para las personas que viven en el área.

Estas casas fueron destruidas por un terremoto en Chile en 1960.

escala de Richter

La escala de Richter es una medida que se usa para mostrar la fuerza de los terremotos. Por lo general, no sentimos los terremotos que miden 3.0 o menos. El terremoto más grande que se ha registrado tuvo lugar en Chile en 1960. ¡Midió 9.5!

Un sismógrafo mide y registra el movimiento de la tierra durante un terremoto.

Esta grieta en el límite de una placa en Islandia es bastante ancha.

Volcanes violentos

Hay más de mil volcanes activos en la Tierra. Pero hoy en día, por lo general sabemos cuándo entrarán en erupción.

Los volcanes entran en erupción cuando el **magma**, o roca líquida caliente, se abre paso hacia la superficie. Esto ocurre cuando la presión se acumula en lo profundo de la corteza terrestre. La presión empuja el magma hacia arriba a través de una grieta en la corteza. Luego, emerge desde la parte superior de un volcán.

Muchas erupciones se producen donde se unen las placas. Los volcanes pueden generar una explosión repentina. O pueden brotar y fluir lentamente cuesta abajo. Una vez que se encuentra fuera de la tierra, el magma se llama **lava**. Se enfría y crea rocas nuevas. Otras erupciones se producen en los puntos calientes. Estos son áreas en las que se acumula tanto calor que se derrite la corteza terrestre. Luego, el magma emerge a través de la superficie. Muchos volcanes entran en erupción en nuestros océanos. Algunos entran en erupción con tanta fuerza y frecuencia que se convierten en islas.

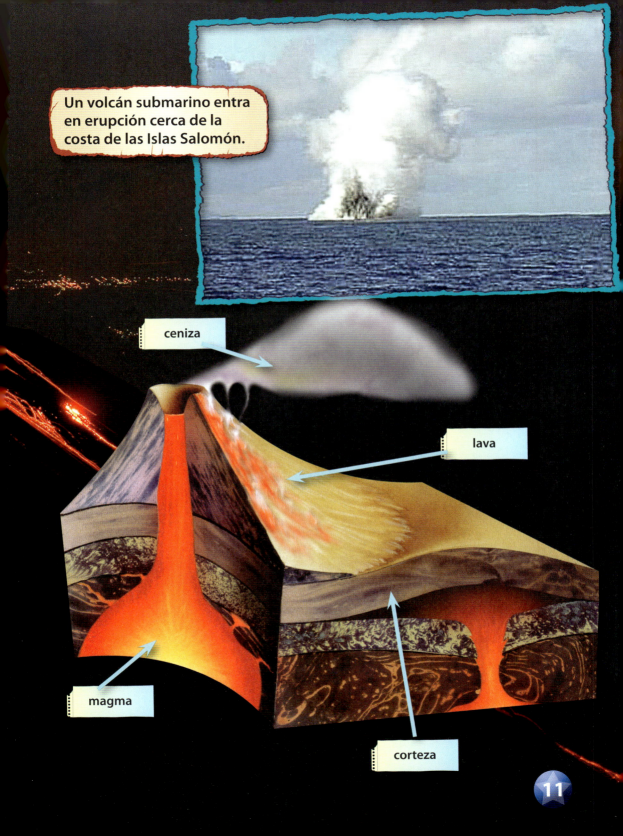

Montañas en movimiento

Las montañas son formaciones de tierra empinadas. Pueden tener puntas puntiagudas o redondeadas que se elevan sobre el terreno que las rodea. El punto más alto se llama *cima* o cumbre. Algunas montañas están aisladas. Otras forman parte de una cordillera, o grupo.

monte Everest

El monte Everest es la montaña más alta del mundo. Se encuentra en Asia. Es una montaña de plegamiento. Desde 1921, las personas tratan de llegar a la cima. En 1953, finalmente el primer grupo pudo lograrlo. Actualmente, muchas personas escalan el monte Everest todos los años.

Hay muchos tipos de montañas. Cada una está formada de diferente manera. Las montañas de plegamiento se forman cuando dos placas se empujan y se unen. Las montañas de bloque de falla se forman cuando el terreno se empuja hacia arriba en un lado y la tierra se hunde en el otro lado. Las montañas en domo se forman cuando el magma empuja la corteza hacia arriba. Las montañas volcánicas se forman cuando se acumula lava en la parte superior de un volcán.

Las montañas se encuentran en la tierra y en el mar. Muchas islas son, en realidad, montañas submarinas que alcanzan un nivel superior al del mar. Este es el caso de las islas hawaianas.

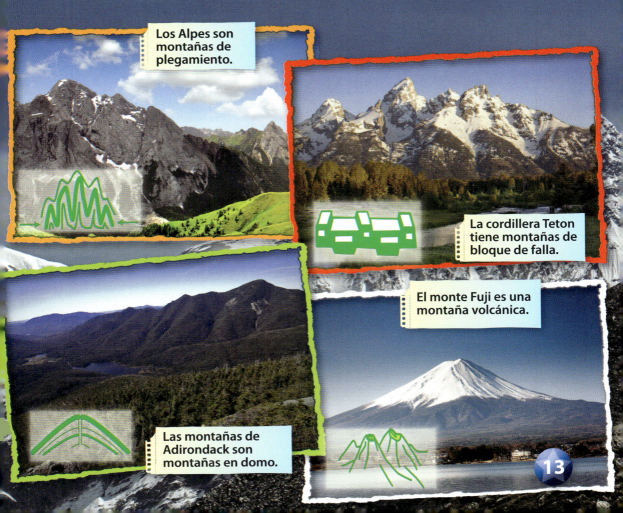

Los Alpes son montañas de plegamiento.

La cordillera Teton tiene montañas de bloque de falla.

El monte Fuji es una montaña volcánica.

Las montañas de Adirondack son montañas en domo.

El mundo del agua

El agua está siempre en movimiento alrededor de nuestro planeta. Fluye en ríos y en océanos. Pasa desde el océano a las nubes de lluvia que viajan por todo el mundo. La lluvia cae desde estas nubes para regar la tierra y ayudar a que las plantas crezcan.

Las olas pueden golpear el terreno con mucha fuerza.

Estas rocas se convertirán lentamente en arena.

Los océanos

El agua del océano está en constante movimiento. Las olas rompen en la playa y revuelven el agua. Las corrientes fluyen como ríos en el océano. Mueven el agua del océano alrededor del mundo. Son difíciles de ver porque fluyen debajo del agua. La **gravedad** de la Luna y el Sol crea mareas. Esto hace que los niveles del agua aumenten y disminuyan.

Los océanos cambian la superficie de la Tierra. Las olas del océano moldean el litoral costero. El rompiente choca con el terreno. Las rocas y los guijarros en el agua se desgastan cuando golpean en la costa. Se rompen y forman arena, por lo que crean playas.

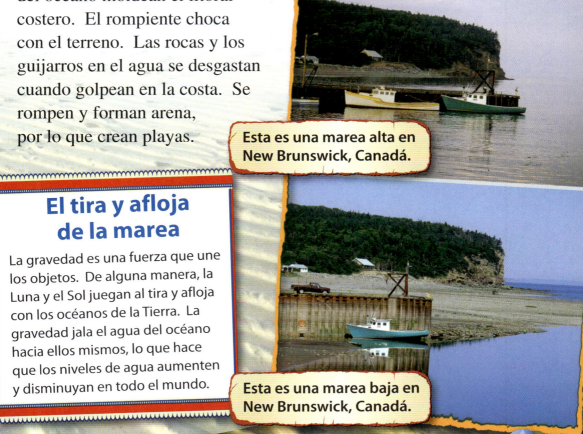

Esta es una marea alta en New Brunswick, Canadá.

Esta es una marea baja en New Brunswick, Canadá.

El tira y afloja de la marea

La gravedad es una fuerza que une los objetos. De alguna manera, la Luna y el Sol juegan al tira y afloja con los océanos de la Tierra. La gravedad jala el agua del océano hacia ellos mismos, lo que hace que los niveles de agua aumenten y disminuyan en todo el mundo.

El torrente de los ríos

Los ríos llevan el agua de las montañas hasta los mares que se encuentran abajo. Riegan el terreno y fluyen de regreso a los océanos. Los ríos influyen en la tierra de muchas maneras. Comienzan como lluvia o deshielo. El agua fluye cuesta abajo. Luego, pequeños arroyos se unen con otros arroyos para convertirse en ríos. Se hacen más grandes a medida que se mueven cuesta abajo hasta el mar. Algunos ríos son anchos y se mueven lentamente. Otros son estrechos y se mueven cuesta abajo en feroces rápidos.

Los ríos tienen una función importante en el **medio ambiente** terrestre. Llevan el agua necesaria a la tierra. Esto es bueno para las plantas y los animales que viven allí. También es bueno para los agricultores que están cultivando. Las plantas necesitan agua para crecer. Los animales necesitan agua para vivir. Algunas plantas y animales viven en los ríos. No podríamos sobrevivir si los ríos no nos trajeran agua desde las montañas.

Estos ríos fluyen hasta el golfo de México.

¿Por qué tan salada?

¿Alguna vez has probado el agua de mar? Es muy salada. Los ríos llevan rocas hasta el mar. A lo largo de millones de años, la sal de estas rocas hizo que el mar se volviera salado.

El Río de la Plata en América del Sur lleva rocas y sal hasta el océano Atlántico.

el río Misisipi

Las cataratas del Niágara están ubicadas en Nueva York y Ontario, Canadá.

Los ríos forman curvas y giran a medida que se mueven alrededor de rocas duras. Crean rápidos y cataratas. A medida que los ríos fluyen por el terreno, lo desgastan lentamente. Esto se llama **erosión**.

El agua que fluye rápidamente crea más erosión. Con el tiempo, los ríos desgastan la tierra y las rocas. Después de muchos años, un río puede convertir grandes rocas en arena. La arena y las rocas de los ríos rozan contra otras rocas. Esto acelera la erosión de las rocas. El río transporta la arena hasta el océano y forma playas de arena.

Estos arcos y túneles se erosionaron debido al río Oparara en Nueva Zelanda.

El río Colorado erosionó la roca y formó el Gran Cañón de Arizona.

¿Has visto alguna vez un cañón profundo o un valle escarpado? Es posible que hayas notado que hay un río que fluye a través de ellos. El agua que se mueve a través de la roca la erosiona lentamente. Tras mucho tiempo, el agua corta la roca para crear cañones y valles empinados. Así es como se formó el Gran Cañón. Con el tiempo, el agua puede cambiar el aspecto de la Tierra.

Un trozo de glaciar cae al océano.

Un glaciar de Alaska fluye hacia una bahía.

Glaciares gigantes

Los glaciares son pedazos de hielo gigantescos. Se mueven lentamente porque están congelados. La mayoría de los glaciares se encuentran en Groenlandia y la Antártida. Estos lugares están cerca de los polos norte y sur de la Tierra, donde hace mucho frío.

Los glaciares esculpen grandes formaciones de terreno. Esto ocurre mientras raspan lentamente el terreno. Pueden mover la tierra y las rocas cientos de millas. Durante largos períodos, pueden formar grandes valles.

Muchos glaciares se forman en valles montañosos donde cae mucha nieve. La nieve recién caída se presiona para formar capas de hielo. Este hielo es pesado y comienza a deslizarse lentamente cuesta abajo por el valle. El glaciar se mueve sobre las rocas y la tierra. Erosiona el terreno que se encuentra debajo y al lado de él. El glaciar crea un valle profundo a medida que se mueve. Finalmente, el glaciar llegará a un lugar más cálido y el hielo se derretirá. O es posible que el glaciar llegue al océano y se rompa.

Los glaciares labran la tierra en Alaska.

El poder del viento

¿Qué ocurre con el cabello y la ropa cuando estás afuera en un día ventoso? ¿Qué les hace el viento a las hojas de los árboles? El viento crea mucho movimiento. Es lo suficientemente fuerte para cambiar el terreno. Erosiona lentamente las rocas, y mueve la arena y otros materiales a nuevos lugares. Con el tiempo, esto hace que la tierra tenga otro aspecto.

El viento es incluso más potente en áreas secas del **desierto**. En los desiertos, hay pocas plantas y muy poca agua para mantener el suelo en su lugar. El viento sopla y hace volar la tierra y la arena. Rozan contra las rocas y las erosionan lentamente.

A veces, el viento crea **mesas**. Estas son grandes colinas con cimas planas y laderas empinadas. El viento también forma **dunas**, o colinas de arena. A veces, los vientos fuertes originan tormentas de arena que pueden cambiar el paisaje en cuestión de horas.

Hay muchas dunas de arena en el Parque Nacional del Valle de la Muerte en California.

Esta es la formación rocosa Hunt's Mesa en el Valle de los Monumentos en Utah.

La erosión ayudó a formar el Parque Nacional de los Arcos en Utah.

Nuestra Tierra viviente

Los seres vivos de la Tierra deben cambiar a medida que cambia el planeta. Necesitan adaptarse, o cambiar, para vivir en el clima frío o cálido, en la profundidad de los océanos o en las altas montañas. Al mismo tiempo, los seres vivos también impactan el medio ambiente. Nuestro planeta no sería el mismo sin los seres que viven en él.

Las raíces de los árboles y las plantas mantienen el suelo en la tierra. Algunas protegen los litorales costeros y las riberas de los ríos de la erosión. Las hojas de las plantas brindan **oxígeno** a nuestra atmósfera. En la tierra, las lombrices se contonean y mueven para brindar aire y agua al suelo.

Los animales más grandes también tienen un impacto. Los castores construyen presas para mantenerse seguros de los otros animales. Las presas son muros que detienen el flujo de agua o reducen su velocidad. Pueden estar hechas de piedra, madera o barro. Las presas pueden detener ríos o cambiar su dirección. Esto puede crear estanques. Los estanques brindan un entorno rico que permite que muchas más plantas y animales vivan en esa área.

Las raíces de este árbol mantienen el suelo en su lugar.

Este castor tiene dientes largos para masticar la madera.

Los castores crearon esta presa en el Parque de Grand Teton en Wyoming.

25

Los seres humanos tienen un enorme efecto en el medio ambiente. Usamos grandes cantidades de **recursos naturales** de la Tierra. Talamos árboles y despejamos bosques para cultivar la tierra y construir viviendas. Construimos puentes, pueblos y ciudades. Levantamos presas para poder usar el agua de la Tierra y generar energía. Practicamos la **minería** en la tierra para obtener minerales que usamos para crear elementos como computadoras y automóviles. Siempre estamos haciendo que nuestro medio ambiente se adapte para seguir el ritmo de los cambios que hacemos.

Recoger la basura hace que nuestro mundo sea un lugar más limpio.

A veces, cambiamos el medio ambiente de maneras negativas. Hoy en día, hay menos árboles y más basura en el mundo. Esto daña a otros seres vivos. Debemos reemplazar los elementos del planeta que usamos. Podemos plantar árboles nuevos y recoger nuestra basura. Podemos **reciclar**. Debemos mantener la Tierra sana para poder mantenernos saludables. Es importante que cuidemos nuestro planeta ya que este nos cuida a nosotros.

Este niño mejora su comunidad plantando árboles.

Este bosque ha sido talado.

¡Haz un modelo!

Has aprendido cómo el viento, el agua y la tectónica de placas cambian la superficie de la Tierra. Ahora, enséñale a alguien más sobre eso. Construye un modelo sencillo que muestre una de estas fuerzas en acción. Quizá tu modelo muestre cómo se erosiona un litoral costero o cómo el viento crea una duna. Investiga. Sé creativo. Y, lo que es más importante, ¡diviértete!

Estos niños hicieron un modelo de un volcán en erupción.

Estos niños crearon un estanque para aprender cómo el agua impacta el medio ambiente.

Estas niñas crearon un modelo de turbina de viento.

Glosario

desierto: un área de tierra muy seca con pocas plantas y poca lluvia

dunas: colinas o cumbres hechas de arena que acumuló el viento

erosión: el proceso mediante el cual algo se desgasta por acción del agua, el viento o el hielo de los glaciares

erupción: expulsión de materia a través de una superficie

gravedad: la fuerza natural que hace que las cosas se atraigan entre sí

lava: la roca líquida caliente encima de la superficie de la Tierra

magma: la roca líquida caliente debajo de la superficie de la Tierra

medio ambiente: el mundo natural

mesas: colinas con cimas planas y laderas empinadas

minería: actividad en la que se excava para encontrar y extraer recursos naturales de la tierra

oxígeno: un elemento que se encuentra en el aire y que es necesario para la vida

reciclar: hacer algo nuevo de algo que se usó anteriormente

recursos naturales: cosas que existen en el mundo natural que un país puede usar

tectónica de placas: los movimientos de grandes secciones de la superficie de la Tierra

valles: áreas de tierra baja entre colinas y montañas

volcanes: montañas con huecos en las cimas o laderas que a veces explotan repentinamente y expulsan rocas, ceniza o lava

Índice analítico

Antártida, 21

desierto, 22

dunas, 22

escala de Richter, 8

glaciares, 20–21

Gran Cañón, 19

Groenlandia, 21

lagos, 7

mesas, 22–23

montañas, 5–7, 12–13, 16, 21, 24

monte Everest, 12

océanos, 5, 7, 10, 14–18, 20–21

presas, 24–26

recursos naturales, 26

ríos, 5, 8, 14, 16–19, 24

tectónica de placas, 7, 13, 28

terremotos, 5, 8–9, 32

volcanes, 5, 7, 10–11, 13, 28, 32

¡Tu turno!

Imagínalo

Imagina que eres un científico. Estudias el medio ambiente en constante cambio de la Tierra. Quizá estudies los volcanes, los terremotos o la erosión. Elige un tema de este libro. Crea un artículo periodístico que alerte a las personas sobre cómo estas cosas cambian la Tierra.